CUANDO LA SOLEDAD DUELE

Encuentro con la compañía perfecta

LUIS PALAU

con *Carlos Barbieri*

WHITAKER HOUSE Español

Editado por: Ofelia Pérez

Cuando la soledad duele
Encuentro con la compañía perfecta
© 2022 por Luis Palau y Carlos Barbieri

ISBN: 978-1-64123-937-0
eBook ISBN: 978-1-64123-938-7
Impreso en los Estados Unidos de América

Whitaker House
1030 Hunt Valley Circle
New Kensington, PA 15068
www.whitakerhouse.com

1 2 3 4 5 6 7 8 9 10 11 ᘁᘁ 29 28 27 26 25 24 23 22

Vuélvete a mí y ten misericordia de mí,
porque estoy solo y profundamente angustiado.
—Salmos 25:16

ÍNDICE

PRÓLOGO

PRÓLOGO

LUIS PALAU Y CARLOS BARBIERI

Uno de mis más grandes honores en la vida fue conocer y trabajar junto a Luis Palau, un grande de la fe, del testimonio y de la vida en Cristo.

En el año 1982 comenzó para mí la gran aventura de ser parte del equipo evangelístico de trabajo más grande de Latinoamérica, y uno de los más importantes del mundo por la gracia de Dios.

En el año 2021, nuestro líder, Luis, fue promovido a la presencia del Señor, pero la organización que fundó y dirigió por muchas décadas sigue adelante porque el camino, en verdad, lo marca siempre Jesús, caminando delante de Luis desde el primer paso, y ahora delante de cada uno de nosotros, los que continuamos manteniendo encendida la antorcha del evangelismo bíblico.

Su hijo Andrés continúa la honrosa tarea de predicar el evangelio a multitudes en eventos presenciales alrededor del mundo, a través de las redes sociales de comunicación, la radio, la TV y cualquier medio por el cual se pueda transmitir la verdad del evangelio de la cruz. Su hijo Kevin lidera el ministerio, llevando cada día la pesada carga de las decisiones más importantes. Su firme compromiso, vasta experiencia, liderazgo y sensibilidad a la voz de Dios hacen que este equipo siga honrando el nombre de Dios.

Luis Palau, en sus últimos meses de vida, cuando ya sabía que su carrera estaba a punto de concluir, tomó fuerzas como las águilas, y continuó incansablemente trabajando, incluso en medio de la pandemia por el Covid que nos aisló. Con la ayuda de la tecnología seguimos comunicados invirtiendo tiempo en este libro que hoy tienes en tus manos, entre otras cosas. Un libro que trata de desmembrar el azote de la soledad que muchos sufren en silencio, para atacarlo de raíz y aniquilarlo. Un libro que estuvo en el corazón de Luis hasta sus últimas horas, con el objetivo de que conozcas y encuentres una compañía Perfecta que eche fuera tu soledad para siempre.

INTRODUCCIÓN

INTRODUCCIÓN

En este libro vamos a hablar de la soledad. Y la soledad es una palabra que involucra y agrupa distintas instancias que intentaremos, con el paso de los capítulos, separar y analizar con el objetivo de descubrir lo que Dios nos indica en su Palabra sobre el tema.

DISTINTOS TIPOS DE SOLEDAD

Cuando se quiebra una relación afectiva y se produce una separación, sea por diferencias irreparables, muerte o distanciamiento, o cuando uno se ve inmerso en un cambio sustancial del medio ambiente acostumbrado, tal vez por una mudanza a otra ciudad o país o un cambio de trabajo, una persona puede estar sola físicamente y además sentirse sola. Podríamos considerar a esta soledad como transitoria, ya que generalmente dura hasta que logramos insertarnos en el nuevo grupo o reconstruir la relación. Si por algún motivo el tiempo comienza a pasar y no se recuperan las relaciones perdidas, y lo transitorio y momentáneo deja de serlo para comenzar a echar raíces, allí, en ese momento, la soledad se transforma en un serio problema.

También pudieran existir momentos en la vida donde uno desea un poco de "ausencia de compañía", quizás para pensar, orar, estudiar la Biblia, escribir un libro o solo acomodar las ideas. Pero pronto debemos regresar a compartir espacio, actividad y objetivo con otras personas. Al igual que en los otros casos que mencionamos, si este estado de aislamiento provocado se prolongara, es posible que comience a no sentirse "tan agradable" y "tan relajado", porque fuimos creados por Dios para vivir en sociedad, y necesitamos el uno del otro.

Por todo esto, y como primera medida, quiero que separemos el estado de soledad momentánea o transitoria, provocada o accidental, del sentimiento de soledad arraigado en el alma. Vamos a hablar de ambos, pero profundizaremos en la soledad que duele. Esa soledad que no se desea; esa soledad que se extiende en el tiempo, a veces, sin motivos aparentes y que parece absorber nuestras ganas de vivir como un gran agujero negro a nuestro lado.

HAY SOLEDADES QUE SE BUSCAN, Y HAY SOLEDADES QUE TE ENCUENTRAN. UNA ES MANEJABLE Y NO DUELE. LA OTRA DUELE; DUELE EN EL ALMA Y EN EL CUERPO.

Lo primero que debes saber es que Dios conoce tu soledad, el dolor que te causa y los detalles de esa soledad. Lo segundo es que, porque te ama profundamente, desea siempre que tu futuro sea bueno. Con la ayuda de Dios, juntos, tú y yo, en estas páginas vamos a unirnos y trabajar buscando ese camino que Dios desea para tu vida, para que lo transites porque te llevará a un fabuloso mañana.

El mismo Dios, a través del profeta Jeremías te dice:

> *Pues yo sé los planes que tengo para ustedes*
> *—dice el Señor—. Son planes para lo bueno y*
> *no para lo malo, para darles un futuro y una*
> *esperanza.*
> —Jeremías 29:11

LA SOLEDAD QUE DUELE

La soledad que duele es un enemigo silencioso y destructor. Se oculta y ataca desde las sombras en el momento más impensado. Es melancolía, es tristeza en el alma que sale por los poros, deforma la cara, y entristece los ojos.

La soledad que duele una vez que se afincó en una persona, no se ahuyenta rodeándose intencionalmente de gente, o sumergiéndose en una vorágine de actividades, y mucho menos con el alcohol, las drogas, o compañías eventuales.

La soledad que duele, muchas veces puede ser espiritual, resultado de haberse alejado de Dios. Por ejemplo, alguien puede decir: "Tengo un hogar feliz, una buena pareja e hijos, pero siento un espantoso sentido de insatisfacción y soledad".

En alguna medida las redes sociales impulsadas por las nuevas tecnologías intentaron ocultar la soledad entre miles de "Likes", o "Me gusta", y cientos de amigos virtuales, de los que obtenemos solo una foto, algún video corto, y momentos de su vida que luego muchas veces descubrimos como "prefabricados", y que sirven solo para hundirnos más y más en la propia soledad y doblarnos hasta el dolor.

Si tu soledad duele, quiero decirte que hay una salida, una esperanza y una solución, y está cerca, de hecho muy cerca, a tu lado.

Cada tipo de soledad requiere una solución diferente. La soledad física, por ejemplo, encuentra alivio cuando nos rodeamos de familiares que nos aman, buenos amigos, hermanos en la iglesia, distintas actividades sociales, deportivas, culturales y otras.

La soledad emocional también necesita de lo anterior. En este caso es vital aferrarse al Señor, confiar en Él, luchar contra la tendencia a sentir lástima por nuestra situación, y quitar la atención de uno mismo.

Hay que estar dispuesto a ayudar a los demás, a ser generosos, a dar nuestro tiempo, a integrarnos a las actividades de la iglesia, a interceder por otros, a tener compasión por los que sufren, a agradecer al Señor por lo que tenemos.

Sin embargo, estos pasos para luchar contra la soledad no constituyen una fórmula mágica. Tal fórmula no existe. Ni siquiera el matrimonio es la solución total para quien se siente solo. Por otra parte, el cristiano que admita su situación de soledad y sepa llorar santamente, luego sabrá regocijarse por la respuesta de Dios.

Dios bendice a los que lloran,
porque serán consolados.
—Mateo 5:4

REVELANDO LA SOLEDAD

Capítulo 1

REVELANDO LA SOLEDAD

Algunos de mis nietos no tienen ni idea de lo que significa revelar una fotografía. Es que desde la revolución digital todo ha cambiado tanto que las fotografías las vemos en el teléfono, en la tableta y solo en algunos casos las imprimimos, pero nada necesita "revelarse", porque ya está a la vista desde el momento en que la tomamos.

El antiguo proceso para poder ver en papel una fotografía, que hoy parece prehistórico, comenzaba con mirar la imagen real a través del visor de una cámara y apretar el disparador para que una ventanita pequeña dejara entrar la luz registrando la imagen, y se grabara en una película fotográfica que estaba dentro de la cámara.

Por supuesto, no soy un experto en este tipo de fotografía, pero tengo buena memoria y recuerdo que esa película se extraía con ciertos cuidados para que no se estropeara. Luego un técnico debía pasarla por varios procesos, sumergiéndola primero en distintos ácidos hasta que, finalmente, aparecería a la vista aquella imagen que habíamos tomado. Luego se pasaba a positivo y allí, en definitiva podíamos recién ver la fotografía. ¡Al fin había sido "revelada"!

Necesitamos "revelar" tu particular estado de soledad paso a paso, con la experta guía de nuestro Dios, y sin dudas encontraremos el camino a ese mañana mejor en tu vida.

Con el objetivo de revelar qué tipo de soledad puede estar doliéndote, y buscar en la palabra de nuestro Dios los pasos a seguir para calmar ese dolor, vamos a revisar uno por uno los estados más generales que causan dolor. Somos conscientes de que jamás podremos revelar la fotografía con una nitidez perfecta, porque cada uno de nosotros somos un pequeño mundo lleno de particularidades que se van combinando para hacer de nosotros seres absolutamente únicos e irreproducibles.

Solo Dios te conoce tan íntimamente, tan en detalle, que puede tomarte de la mano y levantarte del lugar en el que estás.

El Rey David, en su sabiduría escribió:

Con paciencia esperé que el Señor me ayudara, y él se fijó en mí y oyó mi clamor. Me sacó del foso de desesperación, del lodo y del fango. Puso mis pies sobre suelo firme y a medida que yo caminaba, me estabilizó. Me dio un canto nuevo para entonar, un himno de alabanza a nuestro Dios. Muchos verán lo que él hizo y quedarán

asombrados; pondrán su confianza en el Señor.
—Salmos 40:1-3

¡Qué grandes verdades están armoniosamente explicadas en estos tres versos del Salmo 40!

1. El Señor está listo para ayudarte, pero lo hará en el momento perfecto; en su tiempo y no en el tuyo o en el mío.

2. Se fija en ti, y te oye. No está ajeno a tu dolor.

3. En el momento justo te tomará de la mano y te sacará de cualquier dolor en el que estés sumido.

4. Pondrá tus pies en un lugar seguro.

5. Te dirá: Camina, vive, encomienda tus pasos a mi cuidado y yo enderezaré tus veredas. *Busca su voluntad en todo lo que hagas, y él te mostrará cuál camino tomar.* (Proverbios 3:6)

6. Te dará esperanza y una visión nueva de la vida que te hará alabarle constantemente.

7. Serás un testimonio vivo del poder de Dios.

8. Otros llegarán a entregar sus vidas al Señor solo por ver la manera en que Dios te levantó, y te sanó de todo tu dolor.

¡Qué fabulosas son sus promesas!

REVELANDO LA SOLEDAD EN LA FAMILIA

Capítulo 2

REVELANDO LA SOLEDAD EN LA FAMILIA

Dios, al crear al hombre, reconoció que la soledad no sería un estado agradable y actuó:

> *No es bueno que el hombre esté solo.*
> *Haré una ayuda ideal para él.*
> —Génesis 2:18

No era simplemente formar del cuerpo del hombre a su compañera. Era mucho más que eso. Era crear un complemento sin el cual la primera parte creada, o sea, el hombre, no podría prosperar porque caería en la soledad que duele. Era crear la mitad que le faltaba, esa era la "ayuda ideal".

Tenemos que entender que el concepto de "ayuda ideal" es muy profundo, ya que la palabra "ayuda" es la misma palabra que la Biblia utiliza cuando se refiere a Dios mismo actuando en favor nuestro. Leemos:

> *No hay nadie como el Dios de Israel.*
> *Él cabalga por el firmamento para ir en tu ayuda,*
> *a través de los cielos, con majestuoso esplendor.*
> —Deuteronomio 33:26

Hay algunas personas que entienden la palabra "ayuda", en este caso de la creación de la mujer como "asistente", o sea, como alguien que ayuda en una tarea a otra persona que desempeña la labor principal. La Biblia no dice esto, sino habla de "complemento necesario" para el éxito del primer proyecto divino: la familia.

Cuando repaso en mi mente el cuadro de aquellos primeros días en el huerto del Edén, cuando Dios había completado la creación del hombre y la mujer, y ellos comenzaban a tomar control del resto de la creación, allí, cuando iniciaban a tomar las primeras decisiones en absoluta libertad de acción, descubrimos una inquietante realidad. Dice el libro de Génesis:

> *La serpiente era el más astuto de todos los animales salvajes que el Señor Dios había hecho. Cierto día le preguntó a la mujer..."*
> —Génesis 3:1

Descubrimos que el astuto satanás no les habló a ambos para exponerles la opción de probar el fruto prohibido, sino que se dirigió a uno solo, en este caso a la mujer. Me pregunto: ¿cuál hubiera sido la historia si ambos hubiesen estado juntos frente a la serpiente? ¿Quizás se hubieran mirado y consultado uno al otro? ¿Tal vez uno de ellos le hubiera recordado al otro lo que Dios había dicho?

Con mi esposa Patricia estamos por cumplir 60 años de matrimonio. Sí, leyó bien: ¡60 años!. Llegamos hasta este punto diciendo junto con Samuel:

¡Hasta aquí el Señor nos ha ayudado!
—1 Samuel 7:12

Fueron incontables decisiones a las que nos enfrentamos, como individuos y como pareja, y siempre recuerdo el privilegio de dialogar y ver alternativas juntos. ¡Tantas veces me hubiera equivocado si no hubiera contado con su sabiduría y su palabra justa en el momento adecuado!

Nuestra compañera o compañero de vida es el primer apoyo; luego los hijos adultos, padres, hermanos y demás familia que nos rodee, también nuestros amigos, el pastor y los hermanos sabios de la congregación pueden considerarse parte de la familia. Son parte fundamental de un equipo íntimo que nos apoyará en todo momento, pero en especial en esos "cruces de camino", en donde debemos tomar decisiones que luego marcan rumbos y destinos.

Es prioritario buscar ese equipo íntimo que nos apoyará para no quedar expuestos a la debilidad generada por la soledad a la hora de decidir. La Biblia dice que la seguridad se halla en los consejeros sabios.

La seguridad está en tener muchos consejeros.
—Proverbios 11:14

La familia de la carne y de la fe es el primer círculo íntimo de cada uno de nosotros. No tenerlo a nuestro alrededor es estar desnudos frente a la vida y expuestos a las malas decisiones, al dolor de la soledad y al quiebre.

El sabio Salomón escribió:

Es mejor ser dos que uno, porque ambos pueden ayudarse mutuamente a lograr el éxito. Si uno cae, el otro puede darle la mano y ayudarle; pero el que cae y está solo, ese sí que está en problemas. Del mismo modo, si dos personas se recuestan juntas, pueden brindarse calor mutuamente; pero

¿cómo hace uno solo para entrar en calor? Alguien
que está solo puede ser atacado y vencido, pero si
son dos, se ponen de espalda con espalda y vencen;
mejor todavía si son tres, porque una cuerda triple
no se corta fácilmente.
—Eclesiastés 4:9-12

En el mundo moderno, altamente globalizado, donde las personas se mueven con mucha facilidad y cambian de ciudad y hasta de país, es bastante común encontrar personas que viven lejos de sus familias de la carne. Por supuesto, esos movimientos no permiten echar raíces con facilidad, y en trabajos nuevos, vecindarios nuevos, ciudades nuevas o países nuevos se profundiza el problema de no hacer amigos. Esto sumado a familiares lejos y un eventual estado de soltería, puede provocar una profunda soledad y un arraigado dolor.

Es aquí en donde entra a tallar un factor de privilegio que tenemos los cristianos: la familia de la fe.

He viajado por más de 60 países del mundo durante las últimas cinco décadas, y en cada lugar en donde estuve hallé familia de la fe. No hay excusas para la soledad familiar en la vida de un cristiano. Solo nece-sitas ser proactivo y buscar, en donde estés, el rodearte de ese "círculo íntimo hogareño" que te protegerá de la soledad familiar y de las malas decisiones.

Tú puedes decir: "no soy cristiano, estoy lejos de mi familia por distintas razones, me cuesta hacer amigos y estoy soltero. ¿Cómo formo ese Círculo Íntimo Familiar del que usted habla?". Permíteme responderte con lo que dice Dios en la Biblia acerca de tu pregunta.

> *Padre de los huérfanos, defensor de las viudas,*
> *este es Dios y su morada es santa. Dios ubica a*
> *los solitarios en familias; pone en libertad a los*
> *prisioneros y los llena de alegría.*
> —Salmos 68:5-6

Formar parte de la Familia de Dios, aquí en la tierra, en la ciudad en donde estés en este momento es tan simple como lo explica el apóstol Juan:

A todos los que creyeron en él [en Cristo Jesús]
y lo recibieron, les dio el derecho de llegar a ser
hijos de Dios. Ellos nacen de nuevo, no mediante
un nacimiento físico como resultado de la pasión
o de la iniciativa humana, sino por medio de un
nacimiento que proviene de Dios.
—Juan 1:12-13

Si no eres parte de la familia de la fe, y hoy quieres comenzar a caminar la vida junto a hombres y mujeres y niños de todo el mundo que forman parte de la gran familia de Dios, su Iglesia, hoy dile sí a Jesús. Haz esta simple oración conmigo ahora mismo:

"Señor Jesús, creo que eres el Hijo de Dios, quien murió por mis pecados. Te abro la puerta de mi corazón y te pido que seas mi Salvador y Señor. Te pido perdón por todos mis pecados. Por favor, perdóname y ayúdame a vivir para ti".

Ahora busca una buena iglesia donde se lea la Biblia y se predique a Cristo, preséntate al pastor y dile que tomaste esta decisión. Verás cómo pronto estarás rodeado de una familia inmensa, y podrás buscar por afinidad las personas que ocuparán ese lugar íntimo a tu lado, que te protegerá y ayudará en los momentos de angustia y soledad.

REVELANDO LA SOLEDAD EN LA VIUDEZ

Capítulo 3

REVELANDO LA SOLEDAD EN LA VIUDEZ

Cuando mi madre enviudó yo tenía 10 años, y ella era una joven mujer de apenas 34 años de edad, con seis hijos. A veces la veía triste, llorando en el dormitorio. Yo era un niño, pero como era el mayor me parecía que podría consolarla. En verdad, no podía llegar a entender la profundidad de su soledad.

Hace varios años, cuando a mi esposa le diagnosticaron cáncer, de pronto comprendí que si ella hubiera muerto yo habría entendido a mi madre. Habría entendido lo que mi madre sintió y vivió cuando enviudó. Sin embargo, aunque para otros es muy difícil comprender la profundidad de la soledad de un viudo o viuda sin serlo, para Dios no lo es.

Si estás atravesando el dolor y la soledad de la viudez, quiero asegurarte que Él te conoce íntimamente y conoce cada parte de tu ser y tus sentimientos, cada palabra que dirás, incluso aun antes de que salga de tu boca.

Dios estuvo allí para mi madre cuando la soledad le dolía, estuvo allí para tomarla de la mano y decirle:

No tengas miedo, porque yo estoy contigo;
no te desalientes, porque yo soy tu Dios.
Te daré fuerzas y te ayudaré; te sostendré con mi
mano derecha victoriosa.
—Isaías 41:10

Hoy también está para ti.

Dios primeramente te dice: No tengas miedo. No temas el día de mañana porque yo estaré allí contigo cuando llegue. No tengas miedo a la soledad en las largas noches porque yo seré tu compañía. No te desalientes, porque mis planes para ti son buenos, y tengo pensado darte un mañana mucho mejor. También te daré cada día las fuerzas que necesites para enfrentar cada situación particular, y *"te sostendré con mi mano derecha victoriosa"*.

Si estás atravesando la soledad de la viudez, tal vez has llorado al darte cuenta que aunque muchos te quieren, prácticamente nadie te comprende, y que tu dolor es demasiado profundo. El Señor te dice: "Canta alabanzas porque tu defensor ha llegado". Sí, refúgiate en Dios, y no serás sacudido.

¡Canten alabanzas a Dios y a su nombre! Canten alabanzas en alta voz al que cabalga sobre las nubes. Su nombre es el Señor; ¡alégrense en su presencia! Padre de los huérfanos, defensor de las

viudas, este es Dios y su morada es santa.
—Salmos 68:4-5

Prueben y vean que el Señor es bueno; ¡qué alegría
para los que se refugian en él!
—Salmos 34:8

Solo él es mi roca y mi salvación,
mi fortaleza donde no seré sacudido.
—Salmos 62:6

Dios está hoy tomándote de la mano, como tomó a mi madre al morir su compañero, su amor de juventud, y hoy puede sanar el dolor de tu soledad si te refugias en Él. Y quiere que amanezcas en tu presente sabiendo que el futuro está seguro en sus brazos.

No siempre es posible rehacer la vida en pareja junto a otro hombre o a otra mujer luego del fallecimiento de una de las partes, pero allí está el valor agregado del abrazo sanador del Padre Celestial. Cuando sanes esa soledad dolorosa, solo en ese momento podrás mirar a tu alrededor e intentar rehacer la vida tal como dice el apóstol Pablo en la carta que le escribe a los corintios:

> *Una esposa está ligada a su esposo mientras el*
> *esposo vive. Si su esposo muere, ella queda libre*
> *para casarse con quien quiera, pero solamente si*
> *ese hombre ama al Señor.*
> —1 Corintios 7:39

Es posible que en este punto del libro me digas: "Perdí a mi pareja en una situación muy triste, y no me puedo sobreponer".

Tal vez debiste afrontar un largo camino de dolor, años de sufrimiento, tal vez una enfermedad terminal, quizás el dolor de una infección y la separación por la pandemia del Covid que no te permitió ni siquiera acompañar en los últimos momentos de vida a ese hombre, o esa mujer, que fue tu compañero o compañera por tantos años. Y ahora a ese hondo dolor se suma una casa vacía, un silencio profundo, una soledad que duele.

Hay momentos en la vida donde lo único que podemos hacer es llorar. Tenemos muchos ejemplos en la Biblia donde el dolor por una pérdida se hizo tan profundo que solo brotaron lágrimas de dolor por mucho tiempo, todo el tiempo necesario hasta que la esperanza resurgió de entre el dolor y las lágrimas, de la mano de nuestro Dios.

> *Entonces Jacob rasgó su ropa y se vistió de tela áspera, e hizo duelo por su hijo durante mucho tiempo. Toda su familia intentó consolarlo, pero él no quiso ser consolado.*
> —Génesis 37:34-35

> *Este es mi consuelo en medio del dolor: que tu promesa me da vida.*
> —Salmos 119:50, NVI

REVELANDO LA SOLEDAD EN EL DIVORCIO

Capítulo 4

REVELANDO LA SOLEDAD EN EL DIVORCIO

Muchas parejas hoy en día atraviesan el duro "paraje" de la separación. Algunos entraron a ese "territorio" pensando que era solo un trámite rápido y volverían a empezar como si nada hubiera sucedido, y luego descubren que un divorcio no es una puerta que se atraviesa y se deja atrás, no es un momento que luego se recuerda con melancolía. Es un "territorio" árido por el cual hay que caminar años, y a veces toda la vida. Un divorcio es una cuerda que nunca termina de romperse.

Cada caso es único porque intervienen factores como los hijos, la situación económica, la edad de los implicados, la familia, las relaciones.

En todos los casos los que se han divorciado también sienten un profundo vacío y una soledad inexplicable, a veces aún peor que los viudos, porque no es únicamente la soledad de estar solos, sino del sentido de rechazo, falta de amor y fracaso.

Por todos los medios hay que evitar caer en este pozo sin fondo que se llama divorcio, y siempre recomiendo a quienes están pensando en una separación hacer una pausa, sí, parar, como para el carro en una montaña rusa luego de subir con mucho esfuerzo la cuesta, y antes de caer abruptamente, mirar hacia abajo, y entender que es posible que vuelvas a subir, por la misericordia de Dios. Pero antes deberás caer a mucha velocidad, sintiendo todo el peso de la soledad. Entonces evalúa si estás dispuesto o dispuesta a esa presión, al dolor que causará no solo en ti, sino también en mucha gente a tu alrededor y, por supuesto, al sufrimiento que no podrá olvidarse.

Quiero decirte que, muy por el contrario de lo que sucede en una montaña rusa donde las caídas son inminentes e inevitables, en tu vida puedes detener el carro y retroceder y volver a intentarlo. Recuerda que Dios es un Dios de segundas oportunidades y si le buscas de corazón, junto a tu pareja, lo hallarás, y Él puede recomponer tu matrimonio.

La Biblia afirma:

> *Honren el matrimonio, y los casados manténganse*
> *fieles el uno al otro. Con toda seguridad, Dios*
> *juzgará a los que cometen inmoralidades sexuales*
> *y a los que cometen adulterio.*
> —Hebreos 13:4

Cuando uno se casa, no debe pensar en el divorcio como alternativa si las cosas "no funcionan". El divorcio pareciera una salida fácil, pero la Biblia asegura que Dios lo aborrece.

Pues yo odio el divorcio —dice el Señor.
—Malaquías 2:16

El cristiano verdadero debe pensar en casarse y vivir unido al cónyuge en amor, paciencia, ternura y perdón constantes, hasta que la muerte los separe.

Dios reprueba el divorcio porque el matrimonio es imagen de Dios y su pueblo. Cada vez que una pareja se divorcia, el nombre de Dios es deshonrado, y el corazón del Señor se quebranta. Jesús tiene una esposa, la Iglesia, a quien ama con amor eterno (ver Jeremías 31:3), y ese es el ideal para el matrimonio. En el matrimonio el hombre es figura de Jesucristo y la mujer es figura de la Iglesia.

Si el divorcio fue consumado, y ya no puedes volver atrás porque segundas familias han sido formadas, o porque una de las partes siente que ya no se puede regresar, también quiero decirte que Dios sigue teniendo cuidado de ti, y aunque la caída es dura y la soledad será tu compañera por algún tiempo, Dios te dice: "Déjame ser fiel".

Nunca te fallaré. Jamás te abandonaré.
—Hebreos 13:5

El matrimonio es un pacto sagrado, y cuando ese pacto se rompe hay dolor, y soledad. Pero hay un pacto, sobre todo pacto, que jamás será quebrado.

¿Acaso hay algo que pueda separarnos del amor de Cristo? ¿Será que él ya no nos ama si tenemos problemas o aflicciones, si somos perseguidos o pasamos hambre o estamos en la miseria o en peligro o bajo amenaza de muerte? (Como dicen las Escrituras: «Por tu causa nos matan cada día; nos tratan como a ovejas en el matadero»). Claro que no, a pesar de todas estas cosas, nuestra victoria es absoluta por medio de Cristo, quien nos amó. Y estoy convencido de que nada podrá jamás separarnos del amor de Dios. Ni la muerte ni la vida, ni ángeles ni demonios, ni nuestros temores de hoy ni nuestras preocupaciones de mañana. Ni siquiera los poderes del infierno pueden separarnos del amor de Dios. Ningún poder en las alturas ni

*en las profundidades, de hecho, nada en toda la
creación podrá jamás separarnos del amor de Dios,
que está revelado en Cristo Jesús nuestro Señor.*
—Romanos 8:35-39

REVELANDO LA SOLEDAD EN LOS HIJOS DE DIVORCIADOS

Capítulo 5

REVELANDO LA SOLEDAD EN LOS HIJOS DE DIVORCIADOS

Los hijos de divorciados también son víctimas de la soledad.

Es común que los niños pequeños se culpen a sí mismos por la separación de su padres y piensen que si ellos hubieran sido mejores hijos sus padres seguirían juntos.

En algunos casos, cuando los padres divorciados no manejan correctamente la relación con sus hijos, en amor, paciencia y claridad, y con la nueva realidad a la que ellos mismos los empujaron, culpa de su exclusivo error o pecado, esos niños son alcanzados por una onda expansiva de dolor y soledad que los arrastra a profundos problemas emocionales.

Conozco muchos jóvenes que me escriben angustiados porque aún, con el paso de los años, siguen culpándose a sí mismos, como si ellos hubiesen sido la causa del divorcio de sus padres.

Niño, joven, y aun adulto, si eres uno de ellos, que llevas sobre tus hombros un sentimiento de culpa oculto que te martiriza, que te lleva a un lugar solitario de dolor, quiero decirte con la Biblia en la mano que nunca fue tu culpa. Dios tiene sus brazos abiertos para apretarte fuerte y sanar esa sensación de culpa falsa que te envolvió y lastimó llevándote a lugares de mucha soledad.

Debes saber que, ante una separación matrimonial, la Biblia pone toda la responsabilidad en los adultos. Incluso afirma que cada cónyuge es responsable por su decisiones y dará cuentas ante Él por ellas.

> *El hijo no será castigado por los*
> *pecados del padre...*
> —Ezequiel 18:20

También hay un pasaje Bíblico que quiero dejar para ti en estas páginas. Una expresión real, profunda, verdadera y relevante que, en pocas palabras, deja ver un amor mucho más allá de lo natural y humano: el amor de Dios por ti.

> *¿Pero acaso se olvida la mujer del hijo que dio a*
> *luz? ¿Acaso deja de compadecerse del hijo de su*
> *vientre? Tal vez ella lo olvide, pero yo nunca me*
> *olvidaré de ti.*
> —Isaías 49:15, RVR 1960

Es un amor tan grande que te adopta, y borra en un instante el dolor de la soledad.

Mis padres podrán abandonarme,
pero tú me adoptarás como hijo.
—Salmos 27:10, TLA

Quizás debas también pasar por una etapa de perdón. Quizás te falta perdonar a tus padres por el daño que te causaron. Y en este momento quisiera ayudarte a perdonar guiándote en los pasos bíblicos que finalmente te liberarán del dolor y de la soledad.

Perdonar, cuando te han herido profundamente, es una de las decisiones más difíciles, pero es la puerta que debes atravesar. Perdonar es una palabra que encierra un concepto profundo, proviene del prefijo latino "per" y del verbo también latino "donāre", que significan, PER: "pasar por encima de" y DONARE: "regalo".

Entonces, el perdón en realidad es un regalo que uno ofrece. Es el regalo de pasar por alto la ofensa.

Cuando Moisés le dijo a Faraón, "deja salir a nuestro pueblo", y Faraón se negó, Dios envió varias plagas que atormentaron a Egipto. Pero la última fue la más terrible de todas: morirá el mayor de cada familia -dijo. Y el Ángel del Señor pasó esa noche por cada casa, hiriendo al hijo mayor. Ese ángel solo pasó "por alto" las casas donde vio la puerta pintada con la sangre de un cordero sacrificado.

El mismo Moisés escribe en el libro del Éxodo 12:27:

> *Es el sacrificio de la Pascua del Señor, porque él pasó de largo las casas de los israelitas en Egipto. Y aunque hirió de muerte a los egipcios, salvó a nuestras familias.*

Dios perdonó las casas que tenían la sangre en su entrada. Dios nos regala el "pasar por alto" nuestro pecado y pide que pasemos por alto el pecado de otros que nos afectó, dejándole a Él el pago justo a cada quien.

Juan vio que Jesús se acercaba para ser bautizado, y dijo: *"He aquí el Cordero de Dios, que quita el pecado del mundo"* (Juan 1:29, RVR 1960).

Sí, mi querido joven, definitivamente la historia es la misma porque Cristo Jesús es el nuevo cordero que muere, para que con su sangre marquemos nuestra vida, y Dios nos regale el "pasar por alto" nuestras faltas.

Dice el apóstol Pablo: *"Sean comprensivos con las faltas de los demás y perdonen a todo el que los ofenda. Recuerden que el Señor los perdonó a ustedes, así que ustedes deben perdonar a otros"* (Colosenses 3:13).

Después del sacrificio que Dios hizo para "pasar por alto" tu falta… ¿habrá algo que te hayan hecho a ti que sea tan grave como para que no lo puedas perdonar?

Si estás sintiendo ese dolor causado por una soledad incomprendida, que mezcla un tanto de dolor con otro tanto de rabia, y una gran parte de incapacidad para solucionar el problema de tus padres, hoy es el momento de tomar la decisión. Sí, perdona hoy, porque es sanidad a tu soledad, y porque haciéndolo honras al que te perdonó primero y te marcó el camino por el cual debes transitar.

Perdona unilateralmente, hazlo solo tú, sin pedirle nada a nadie, en silencio tú y Dios. Perdona con un perdón amplio y generoso que no busque culpables, víctimas ni victimarios, y solo pase por alto la situación renovando el amor incondicional a papá y a mamá. Estarás comenzando una etapa de sanidad que así como la luz echa fuera sin esfuerzo la oscuridad, esta actitud echará fuera sin más esfuerzo el dolor de la soledad.

REVELANDO LA SOLEDAD EN LA FAMA, EL ÉXITO Y EL DINERO

Capítulo 6

REVELANDO LA SOLEDAD EN LA FAMA, EL ÉXITO Y EL DINERO

Pasaron ya muchos años, en verdad fueron varias décadas, pero recuerdo aquel día como si hubiera sido ayer, porque lo que sucedió me tomó de sorpresa, me sacudió y quedó grabado en mí. Había muerto Elvis Presley, uno de los cantantes estadounidenses más populares del siglo XX, conocido como "El Rey del Rock and Roll", con apenas 42 años.

Unos días antes de aquel día de agosto en que murió, le hicieron lo que fue su última entrevista. Un periodista lo confrontó preguntándole:

—Elvis, cuando comenzaste tu carrera afirmaste: "Hay tres cosas que quiero en la vida: ser rico, ser famoso y ser feliz". —Sin dudas has logrado al menos dos de tus objetivos, eres rico y eres famoso, pero, ¿eres feliz?

—No, no soy feliz, —respondió, y agregó: —me siento tan solo como si estuviera en el infierno.

Tres semanas después murió, aparentemente por haber ingerido una sobredosis de drogas. Un hombre famoso, rico, adorado por millones, pero con una terrible soledad que le alcanzó el alma.

Lo que dijo en aquella entrevista era una profunda y dolorosa verdad, incluso desde el aspecto teológico, porque el infierno es un lugar de extrema soledad. Es estar eternamente separados de la fuente de vida, Dios mismo, por lo tanto, allí, la soledad no tendrá fin.

Así como Elvis Presley, muchos viven un infierno aquí en la tierra porque padecen de esa soledad que duele. Solo que la gran mayoría no lo confiesa abiertamente en una entrevista.

Centenares solo fundamentan ante los micrófonos y las cámaras que los placeres y la educación satisfacen el alma. Sin embargo, educados escritores e intelectuales, adinerados empresarios, gente del mundo del espectáculo y otros finalmente también confiesan que son infelices porque la soledad que duele, en silencio les fue consumiendo la vida. Solo que muchas veces desperdiciaron esa vida corriendo detrás de una zanahoria.

La soledad que duele es difícil de comprender para el que la está atravesando, y casi imposible para alguien fuera de la situación. Solo Dios nos conoce de tal manera que puede sentir nuestro dolor y ayudarnos a superarlo.

La fama, el éxito o el dinero son a menudo gruesas cortinas que impiden ver el interior de una persona y, por lo tanto, muchas veces nosotros llegamos a pensar que ellos, por tener fama, o dinero, o éxito en algún área de la vida son exentos de la soledad, y de la soledad que duele. Sin embargo muchas veces detrás de esos pesados cortinados se oculta también una sala oscura que solo Dios conoce, y que solo Dios puede iluminar.

El problema mayor surge cuando la persona en cuestión, tal vez famosa, adinerada, exitosa, permite que esa misma cortina que le impide a los demás profundizar en su vida personal y solo percibirlo como "exitoso", le impida a él mismo verse, hasta el punto que pudiera comenzar a creerse sus propias falsedades y convertirse en el primer comprador de sus propios espejitos de colores.

Pensar que un poco más de dinero (en todos los niveles de ingresos), un nuevo éxito, un nuevo desafío podrán acallar el dolor del alma lejos de su creador es un vicio del cual cada vez es más difícil escapar. Planear un nuevo viaje, conquistar una montaña más alta, un premio esquivo, un nuevo libro, fiestas más grandes, todo se convierte en el verdadero opio de los pueblos cautivos en sus propias redes de intentos de satisfacción.

Estimado amigo, amiga, si por la gracia y misericordia de Dios, a través de su Espíritu hoy estás descubriendo que eres una persona más entre los que apuestan vez tras vez al mismo esquema de intentar acallar la soledad con nuevos desafíos, déjame decirte que simplemente estás ocultándote detrás de tu propia cortina.

Escribió el gran rey David:

Oh Señor, has examinado mi corazón y sabes todo acerca de mí. Sabes cuándo me siento y cuándo me levanto; conoces mis pensamientos aun cuando me encuentro lejos. Me ves cuando viajo y cuando descanso en casa. Sabes todo lo que hago. Sabes lo que voy a decir incluso antes de que lo diga.
—Salmo 139:1-4

No hay otra luz que sea tan brillante, no hay otra compañía que sea tan perfecta, no hay otra salida que lleve a una vida plena. Dios te conoce por dentro y por fuera y te dice: No intentes esconderte, todas las almas sin Cristo están solas en el mundo. El Salmo 139 concluye con las palabras acertadas, y quiero dejarlas para ti hoy.

*¡Jamás podría escaparme de tu Espíritu! ¡Jamás
podría huir de tu presencia! Si subo al cielo, allí
estás tú; si desciendo a la tumba, allí estás tú. Si
cabalgo sobre las alas de la mañana, si habito
junto a los océanos más lejanos, aun allí me guiará
tu mano y me sostendrá tu fuerza. Podría pedirle
a la oscuridad que me ocultara, y a la luz que me
rodea, que se convierta en noche; pero ni siquiera
en la oscuridad puedo esconderme de ti. Para ti, la
noche es tan brillante como el día.*
—Salmos 139:7-12

Solo corre esa pesada cortina, descubre tu interior,
y si tu soledad duele, allí, en lo profundo, solo Cristo,
quien subió a una cruz para que tú no lo hagas, puede
levantarte de ese dolor, tomar el peso de tu soledad y
disiparla en su amor.

*… Oré al Señor, y él me respondió; me libró
de todos mis temores. Los que buscan su ayuda
estarán radiantes de alegría; ninguna sombra
de vergüenza les oscurecerá el rostro. En mi*

desesperación oré, y el Señor me escuchó; me salvó
de todas mis dificultades. Pues el ángel del Señor
es un guardián; rodea y defiende a todos los que
le temen. Prueben y vean que el Señor es bueno;
¡qué alegría para los que se refugian en él! ... El
Señor está cerca de los que tienen quebrantado el
corazón; él rescata a los de espíritu destrozado.

—Salmos 34

REVELANDO LA SOLEDAD EN LAS REDES SOCIALES

Capítulo 7

REVELANDO LA SOLEDAD EN LAS REDES SOCIALES

Una de las realidades más profundas de la soledad del ser humano salió a la luz a través de las redes sociales que facilitaron disfrazar el ambiente de una persona a la vista de los demás. Una foto o video corto que solo registra un momento se promociona como ejemplo de una vida, por lo general para confundir (no intencionalmente) y hacerles creer a los demás que aquella sonrisa, esa felicidad, ese minuto es una constante.

Sin distinción de edad hemos comenzado a ver la vida a través de una pantalla. Y poco a poco pareciera que más personas están desconectándose de la vida real.

El gran secreto de las redes sociales es que hace que las personas se sientan bien. Sí, y me preguntarás ahora: ¿cómo puede esto ser posible? Es posible en gran parte por la *dopamina*. La *dopamina* es una hormona neurotransmisora asociada con los mecanismos de recompensa en el cerebro. Tiene una función muy importante en la vida emocional de las personas: les hace sentirse bien.

Científicos del Laboratorio de Neurociencia de la Universidad de Harvard, trabajando para la Academia Nacional de Ciencias de Estados Unidos, descubrieron que hablar de uno mismo libera dopamina, la cual logra gratificar al cerebro de la misma manera que la comida.

Los seres humanos dedican entre el 30% y el 40% de lo que hablan a ellos mismos, sin embargo, en las redes sociales como Facebook, Instagram o TikTok ese porcentaje natural se eleva antinaturalmente a más del 80%.

Sin darnos cuenta, las redes sociales nos han inscrito en un concurso mundial de expresión de felicidad, donde competimos con amigos virtuales, reales, enemigos y hasta desconocidos por la mejor expresión de felicidad.

El momento sobresaliente de una reunión, el instante en que el mozo prende la vela en el restaurante y los platos de comida aún están intactos, antes de arruinar con la vida real esa imagen mojando el pan en salsa, muchos quieren inmortalizarla y subirla a Internet, para que todos en el mundo puedan "envidiarlos". Es como subir bien alto por un instante para caer luego abruptamente al pozo de la realidad que no se asemeja, por lo general, a ese momento capturado, y nos hundimos hasta la depresión.

No es mi intención hablar mal de las redes sociales. Definitivamente no está mal expresar nuestra felicidad y sentirnos bien por estar felices. El problema surge cuando nuestra felicidad es expresar felicidad. Corremos el grave peligro de vivir buscando situaciones felices y alejadas de la soledad para intentar congelarlas y mostrarlas convirtiendo nuestra vida en una exhibición prefabricada de momentos; uno detrás de otro, enviciándonos de "posteos" en las redes para sentirnos bien y escapar de la soledad estando solos.

La felicidad en la vida cristiana no se construye con puntos que determinan momentos de placer que podamos mostrar a los demás, sino con una línea constante que aunque nazca abajo, muy abajo, se proyecta siempre hacia arriba, a lo mejor, hacia el Padre de las Luces, quien genera de por sí una esperanza firme que crea a su vez una satisfacción interna, sólida y constante.

Toda buena dádiva y todo don perfecto descienden de lo alto, del Padre de las luces, en quien no hay cambio ni sombra de variación.
—Santiago 1:17, RVC

El sabio Salomón escribió:

El camino de los justos es como la primera luz del amanecer, que brilla cada vez más hasta que el día alcanza todo su esplendor.
—Proverbios 4:18

Esa felicidad nacida de estar a cuentas con Dios, perdonado, con una firme esperanza, caminando hacia un futuro siempre mejor, convertirá el objetivo de nuestras intervenciones en las redes sociales en un interés sano en ser testimonio de edificación e influencia positiva con nuestros contactos. Pero también, la relación diaria de un caminar con Cristo, provocará una fuerte necesidad de compartir presencialmente con otros esa plenitud y nos llevará a ser parte de un grupo cristiano, o sea: la Iglesia, dejando atrás la soledad.

REVELANDO LA SOLEDAD
EN LA SOLTERÍA

Capítulo 8

REVELANDO LA SOLEDAD
EN LA SOLTERÍA

Según las estadísticas, el número de solteros en el mundo aumenta constantemente. La palabra "soltero" significa "solo". Por lo tanto, solteros no solo son aquellos que nunca se han casado, sino también aquellos que se han convertido en tales por la muerte del cónyuge o por separación o divorcio. En líneas generales me gustaría que cada vez que nos referimos a "soltero" pensemos en quienes no están relacionados amorosamente con otra persona, tanto sea por elección propia o bien porque las distintas circunstancias de la vida los fueron llevando a esta situación.

Es totalmente normal que una persona soltera tenga deseos de casarse. Este anhelo de compañerismo es legítimo, natural y de Dios, quien al ser nuestro Creador comprende nuestros deseos.

> *Después, el Señor Dios dijo: No es bueno que el hombre esté solo. Haré una ayuda ideal para él.*
> —Génesis 2:18

Por otra parte, otros pueden estar perfectamente contentos con su soltería y no tener intenciones de casarse. Ambas son actitudes valederas. No es más espiritual el que se queda soltero que aquel que se casa.

A través de la historia muchos hombres y mujeres de Dios resolvieron quedarse solteros para honra y gloria de nuestro Señor Jesús. Por ejemplo, John Stott, gran siervo de Dios y maestro de la Biblia, nunca se casó. Él eligió serlo cuando estudiaba en el seminario, pues prefería ser libre para meditar, estudiar, viajar y predicar. Como consecuencia, ha bendecido a millares de personas. Su oración fue: "Señor, en este momento soy soltero y esta circunstancia debe traer gloria a tu nombre". Escribió 40 libros y la revista *Time* lo incluyó en una lista de las 100 personas más influyentes del siglo XX.

En Alemania hay un grupo de mujeres que pertenecen a una iglesia muy grande en ese país, y resolvieron quedarse solteras. Varias veces mi esposa y yo las hemos visitado y comentamos cuán hermosa es su vida y qué emocionante el trabajo que llevan a cabo.

Mildred Cable y Francisca French fueron dos misioneras solteras en la China. Vivieron osadías increíbles y tremendas aventuras por amor al Señor.

San Agustín tampoco se casó. A pesar de haber vivido una vida descarriada antes de convertirse a Jesucristo, luego vivió sirviendo a su Dios y a los demás.

En Argentina dos mujeres solteras han realizado una obra extraordinaria entre la niñez. Me refiero a

Theda Krieger y Margarita Tyson. Recuerdo que en mi juventud nos enseñaron a mis hermanas y a mí a ganar niños para Cristo, y lo que ellas nos enseñaron por la gracia de Dios lo he usado para predicar en todo el mundo, tanto a niños como a personas mayores.

Así mismo en el Nuevo Testamento hallamos ejemplos de personas solteras elegidas por Dios para permanecer célibes para un ministerio más efectivo.

Pablo era soltero y revolucionó la vida de millones. Es interesante notar que aconsejaba a parejas acerca de cómo tener un hogar feliz, y sin embargo, no era casado.

Jesús también fue un hombre soltero, por lo que deducimos que la soltería tiene que ser una situación honorable en extremo, ya que el mismo Señor la eligió.

Piensa en la manera en que Él vivió. A menudo estaba rodeado de gente de todos los niveles; compartía tiempo con hombres, mujeres y niños, y tenía muy buenos amigos. Además, mostraba equilibrio entre el tiempo que pasaba solo y el tiempo con los demás. El Señor Jesús fue un hombre soltero, de manera que comprende lo que es la soltería y comprende cómo te sientes de modo que jamás podrás decirle: "Señor, no sabes lo que es sentirse solo".

> *Nuestro Sumo Sacerdote comprende nuestras debilidades, porque enfrentó todas y cada una de las pruebas que enfrentamos nosotros, sin embargo, él nunca pecó.*
> —Hebreos 4:15

Estar y permanecer soltero, haciéndolo para la Gloria de Dios, trae enormes satisfacciones en otras áreas de la vida, permitiéndole a la persona soltera enfocarse en el servicio al Señor y en amor a los demás, lo que redundará en satisfacción y felicidad.

El apóstol Pablo, hombre maduro, espiritual y con gran poder de Dios, afirmó:

> *Quisiera que estén libres de las preocupaciones de esta vida. Un soltero puede invertir su tiempo en hacer la obra del Señor y en pensar cómo agradarlo a él; pero el casado tiene que pensar*

en sus responsabilidades terrenales y en cómo
agradar a su esposa.
—1 Corintios 7:32-33

ALGUNOS DE LOS PROBLEMAS MÁS COMUNES DE LOS SOLTEROS

1. SOLTEROS QUE ANHELAN EL MATRIMONIO PARA SENTIRSE "COMPLETOS".

Lo peor que puede ocurrirle a un soltero es vivir día tras día esperando llegar al matrimonio, diciéndose: "Realmente mi vida comenzará cuando encuentre mi pareja". Entretanto, puede llegar a perder diez preciosos años esperando que comience la "verdadera vida".

La correcta actitud para con la soltería es decirse: "Mi vida está aquí y ahora, y quiero vivirla plenamente". Un soltero puede ser una persona completa. El casamiento no es lo que completa nuestra vida. Solo Jesucristo puede hacernos seres plenos.

El matrimonio es un don de Dios y conlleva placeres y satisfacciones. Es el don de Dios para la continuación de la raza, es la expresión máxima del amor de una pareja, y es incomparable cuando se lleva a cabo de acuerdo a la voluntad divina. Sin embargo, el matrimonio nunca tuvo el propósito de satisfacer por completo nuestros íntimos anhelos. Muchos se casan creyendo que se sentirán realizados, pasa el tiempo y se frustran al darse cuenta de que no se cumple, cambian de cónyuge tantas veces como sea necesario, y como sucede con una ropa vieja, la tiran y compran otra.

El matrimonio nunca tuvo la intención de hacer sentir realizado a nadie. La Biblia afirma en Génesis que cuando Dios creó a Adán señaló inmediatamente que no era bueno que estuviera solo, y le hizo una compañera.

El hombre o la mujer que se casa creyendo que entonces todos sus sueños se verán realizados y se sentirá satisfecho, la advertencia es que se decepcionará porque el propósito del matrimonio nunca ha sido satisfacer plenamente al individuo. El apóstol Pablo claramente explica que todos nosotros, hombres y mujeres, hayamos la plenitud de la vida cuando Cristo ocupa el lugar de preeminencia en nosotros mismos.

*De modo que ustedes también están completos
mediante la unión con Cristo, quien es la cabeza
de todo gobernante y toda autoridad.*
—Colosenses 2:10

2. SOLTEROS CULPÁNDOSE EXAGERADAMENTE POR LA SITUACIÓN

Muchos solteros se culpan a sí mismos por su situación de soledad. La autocompasión es un estado tóxico que definitivamente no proviene de Dios. Si has desarrollado ese hábito en tu vida de soltero, lo llevarás en tu vida de casado y el matrimonio no será el remedio.

No importa cuáles sean las circunstancias actuales de tu vida, la autocompasión no tiene cabida. Cuando comienzas a poner la mirada sobre ti mismo, la clave para la victoria es el servicio al prójimo. Al decir "servicio", me refiero a descubrir cuáles son las necesidades de mis semejantes. Descubre maneras de ayudar a tus vecinos, amigos, compañeros de trabajo. Todos tenemos habilidades especiales y somos exhortados a emplearlas ayudándonos mutuamente, compartiendo con otros las muchas bendiciones de Dios.

> *Dios, de su gran variedad de dones espirituales,*
> *les ha dado un don a cada uno de ustedes. Úsenlos*
> *bien para servirse los unos a los otros.*
> —1 Pedro 4:10

Además, también es importante poner nuestra mirada en el Señor Jesús y tenerle como modelo. Se nos recuerda que Cristo sufrió por nosotros y nos dejó un ejemplo para que sigamos sus pisadas. Pasajes como este pueden cambiar nuestra actitud en forma radical:

> *Pues Dios los llamó a hacer lo bueno, aunque eso*
> *signifique que tengan que sufrir,*
> *tal como Cristo sufrió por ustedes.*
> *Él es su ejemplo, y deben seguir sus pasos.*
> —1 Pedro 2.21

3. SOLTEROS QUE SE AÍSLAN

No es conveniente que la persona soltera viva aislada. Cuando lo hace, sin darse cuenta comienza a perder contacto con la realidad de la vida. Fuimos creados por Dios para vivir en comunión; en amistad con otros. Es necesario llevar una vida social entre amigos, ya que es un excelente remedio para la soledad y además, nos enriquece.

Cada país tiene sus costumbres, su propia situación y su forma de ser, pero podemos hablar de ciertos principios generales de la vida social. El Señor Jesús ordenó:

> *Así que ahora les doy un nuevo mandamiento:*
> *ámense unos a otros. Tal como yo los he amado,*
> *ustedes deben amarse unos a otros. El amor*
> *que tengan unos por otros será la prueba ante el*
> *mundo de que son mis discípulos.*
> —Juan 13:34-35

Otro aspecto social importante es la familia. La mayoría de los solteros da gran importancia a la vida familiar en unidad, y ello resulta en beneficio de ellos mismos y los miembros de la familia.

Por otro lado, todos soñamos con tener una profunda amistad, ya sea con una sola persona o con un pequeño grupo. Deseamos tener "un hermano del alma". Creo que Dios ha puesto ese anhelo en lo más íntimo de nuestro ser. A pesar del egoísmo humano y de la pecaminosidad existe el deseo interior de dar nuestra vida por el amigo, si fuera necesario.

La Biblia relata la amistad de David y Jonatán (ver 1 Samuel), una muestra clara de dos hombres que se amaban hasta la muerte. Estos dos jóvenes tenían todo el derecho de ser rivales. Ambos podían reclamar el trono de Israel; Jonatán por herencia y David por la unción de Samuel. Pero nunca hubo competencia entre ellos. Después que Jonatán fue testigo de la victoria de David sobre el enemigo, sintió que su alma quedaba ligada al alma de David. Fue una unión inmediata que permanecería indestructible. Jonatán amó a David como a sí mismo, y en lugar de entrar en competencia ambos se alentaron y se olvidaron de sí mismos. Eso es verdadera amistad.

Sin embargo, los amigos no son perfectos –como tampoco uno es perfecto–, y consecuentemente no podemos esperar la perfección. Los amigos tienen sus altibajos y cuando fallan, a menudo son la causa de las mayores tristezas, dolores y desequilibrios que experimentan los cristianos. Tienes que saber que Dios es el único amigo que nunca nos abandonará ni tampoco nos fallará:

¡Así que sé fuerte y valiente!
No tengas miedo ni sientas pánico frente a ellos,
porque el Señor tu Dios, él mismo irá delante de
ti. No te fallará ni te abandonará.
—Deuteronomio 31:6

Ahora bien, la amistad es un regalo de Dios, una joya extraordinaria.

Queridos amigos, sigamos amándonos unos a
otros, porque el amor viene de Dios. Todo el que
ama es un hijo de Dios y conoce a Dios.
—1 Juan 4:7

Debemos usar excelencia al elegir a los amigos, tanto del propio sexo como del opuesto. Deben ser equilibrados emocional e intelectualmente, sin objetivos maliciosos. Es preciso evitar las compañías destructivas y degradantes. La Biblia señala:

> *Qué alegría para los que no siguen el consejo de malos, ni andan con pecadores, ni se juntan con burlones, sino que se deleitan en la ley del Señor meditando en ella día y noche.*
> —Salmos 1:1-2

Esa clase de amigos nos ayudará a mantener el equilibrio y la sanidad espiritual si nos relacionamos con ellos en forma prudente, les abrimos el corazón y escuchamos lo que tienen que decirnos.

El soltero, además, debe vivir una vida de generosidad. Los solteros que conozco son por lo general muy generosos. Hay excepciones, por supuesto, pero los cristianos solteros tienen un corazón muy especial. Al ser generosos, estamos quitando la atención de nosotros mismos y nos estamos interesando en otros, algo que ayuda a aliviar el sentimiento de soledad.

No hay que descuidar el área de las finanzas. Hay quienes gastan todo su haber en ropa y comida. Lo aconsejable es comenzar separando por lo menos el 10% para el Señor, y darlo a la iglesia local y a siervos de Dios. Si fuera posible, hay que hacer un esfuerzo para ahorrar un 10%, a fin de prever para imprevistos e incluso para el futuro. Es sabio invertir en algo que preserve el capital.

4. SOLTEROS QUE MANTIENEN UNA SOLTERÍA SIN CELIBATO

En esta generación un gran número de mujeres, tanto en el medio cristiano como en el secular, dicen que no quieren casarse. Pero hay que hacer una advertencia.

Unos años atrás mi esposa Patricia leyó un artículo que trataba sobre la soltería como una situación normal. Patricia concordó con todo lo allí expuesto hasta que tropezó con una afirmación que echó por tierra el resto del artículo. Decía que uno de los aspectos más cruciales en la liberación de la mujer es que ella hoy no tiene motivo real para casarse, ya que es libre para tener absolutamente todo en su vida, incluyendo relaciones sexuales. Es obvio que la Biblia no comparte esta idea.

Si dices que hoy es más fácil ser soltero, ten cuidado. Desde el punto de vista secular, "más fácil" significa que se da el visto bueno para todo tipo de proceder, y no debe suceder así con los cristianos. Nuestra generación debe recordar vez tras vez que "soltería" debe ser sinónimo de "celibato" y pureza sexual. Celibato es un compromiso a vivir sin sexo hasta el matrimonio.

Es necesario vencer la presión de que las relaciones sexuales formen parte normal de la vida de soltero. Tanto solteros como casados son tentados, y estas tentaciones deben ser confesadas al Señor, llevadas a los pies de la cruz y dejadas en sus manos, vez tras vez, con toda sinceridad.

Las tentaciones son, básicamente, fruto de las emociones de una persona, y las emociones se controlan con el poder del Espíritu Santo. Pablo nos recuerda:

Pues Dios no nos ha dado un espíritu de temor y
timidez sino de poder, amor y autodisciplina.
—2 Timoteo 1:7

Aun en la abstinencia sexual los solteros tienen la capacidad de una vida emocional profunda, rica y satisfactoria. La soltería puede no ser fácil, pero ninguna disciplina lo es. Cuanto más somos usados por Dios, mayores serán las presiones que enfrentaremos. Recuerda las palabras del apóstol Pablo cuando declaró:

Pues todo lo puedo hacer por medio de Cristo,
quien me da las fuerzas.
—Filipenses 4:13

5. SOLTEROS QUE SUFREN LA SOLEDAD DE LA SOLTERÍA

Me gustaría enfocarme ahora en quienes están solteros, pero mantienen un fuerte deseo de estar en pareja, no logrando encontrar su "media naranja". Esta etapa es por lo general un tiempo de sufrimiento y soledad, ya que el hecho de no querer estar solo produce un mayor espacio vacío en la vida. No debe ser así para un hijo de Dios.

Como primera medida quiero que, si estás pasando por esta etapa, empieces por mirar lo que tienes sin enfocarte totalmente en lo que no tienes.

Siempre recuerdo las palabras de Leo Tolstoy, un novelista ruso que nació en los años 1800 y es considerado uno de los escritores más importantes de la literatura mundial. Tolstoy escribió: *"Mi felicidad consiste en que sé apreciar lo que tengo y no deseo con exceso lo que no tengo"*.

¡Qué gran verdad! Es muy importante descubrir a tiempo el balance adecuado entre lo que tienes y lo que deseas, porque ello te dará la firmeza y la sabiduría para medir el esfuerzo, el tiempo y la energía que aplicas a alcanzar aquellas cosas que no tienes y que deseas.

Ya sabemos lo que te falta: una pareja. Ahora haz una lista de las cosas que tienes. Comienza por tu familia, tus afectos, tus amigos y agradece a Dios profundamente por cada afecto que tienes.

Agradecer es el primer paso para disfrutar, y disfrutar de lo que tienes te ayuda a pararte en la vida en el podio de los ganadores. Este simple y profundo hecho cambia tu actitud hacia lo que te falta, tu rostro, tus actitudes, y te enfoca.

AGRADECER ES ABRIR LA PUERTA A LA BENDICIÓN SOBRENATURAL DE DIOS.

Para explicarte esta afirmación quiero llevarte conmigo a la ladera de una montaña en Galilea, muy cerca del lago de Genesaret. Allí, Jesús caminaba entre miles de personas sentadas en grupos y les predicaba; hombres, mujeres y niños que se habían acercado para escuchar a Jesús.

Pasaban las horas y nadie quería apartarse de aquel bendito varón que les traía aquellas buenas noticias acompañadas de grandes milagros, y en un momento Jesús mira la tarde caer y les dice a sus discípulos que estaban allí a su lado:

—*¿Dónde podemos comprar pan para alimentar*
a toda esta gente?
—Juan 6:5

Aquellos hombres ya casi acostumbrados a ver milagros y maravillas siguiendo a Jesús, pensaron: "¡Esto es demasiado! ¿Cómo podríamos comprar comida para más de 15.000 personas que debe haber en esta montaña?".

Felipe contestó: —¡Aunque trabajáramos meses
enteros, no tendríamos el dinero suficiente para
alimentar a toda esta gente!
—Juan 6:7

Entonces habló Andrés, el hermano de Simón
Pedro: «Aquí hay un muchachito que tiene cinco
panes de cebada y dos pescados. ¿Pero de qué
sirven ante esta enorme multitud?».
—Juan 6:8-9

Aquí vemos en primer lugar la realidad en las palabras de Felipe:

1. "No podemos lograrlo".

Y seguidamente en las palabras de Andrés:

2. "Algo hay, pero no alcanza".

Jesús, entonces, dándonos una de las más grandes lecciones de toda su vida y ministerio en la tierra agradeció por lo que tenía, aunque no era todo lo que necesitaba:

> *Jesús tomó los panes, dio gracias a Dios…*
> —Juan 6:11

> *Jesús tomó los cinco panes y los dos pescados,*
> *miró hacia el cielo y los bendijo. Luego,*
> *a medida que partía los panes en trozos, se los*
> *daba a sus discípulos para que los distribuyeran*
> *entre la gente. También dividió los pescados para*
> *que cada persona tuviera su porción.*

Todos comieron cuanto quisieron, y después los
discípulos juntaron doce canastas con lo que sobró
de pan y pescado. Un total de cinco mil hombres y
sus familias se alimentaron.
—Marcos 6:41-44

¿Comprendes ahora la frase?:

AGRADECER ES ABRIR LA PUERTA A LA BENDICIÓN SOBRENATURAL DE DIOS.

El agradecimiento es esperanza firme y sólida en medio del dolor, es confianza en la crisis, es paz en la tormenta. Es saber que Dios conoce tu soledad y está trabajando en ti.

Y ahora, que toda la gloria sea para Dios, quien
puede lograr mucho más de lo que pudiéramos
pedir o incluso imaginar mediante su gran poder,
que actúa en nosotros.
—Efesios 3:20

Si Dios no te ha dado una pareja en la vida, quizás aún no sea el momento adecuado. Todo lo hizo hermoso en su tiempo, afirmó Salomón.

> *Sin embargo, Dios lo hizo todo hermoso para el momento apropiado.*
> —Eclesiastés 3:11

Agradece por lo que tienes, confía en que Dios sabe lo que necesitas y está atento a tus oraciones, y disfruta tu tiempo de soltería sirviéndole con todas tus fuerzas, viviendo para su Gloria, amando a los demás y predicando el evangelio.

REVELANDO LA SOLEDAD DE
LOS EXTRANJEROS

Capítulo 9

REVELANDO LA SOLEDAD DE LOS EXTRANJEROS

Existe la soledad del extranjero. Cuando empecé mi ministerio fui inmigrante, primero en Colombia y luego en México. Créanme que uno se siente muy solo.

Hay extranjeros que experimentan gran soledad hasta en una sociedad amigable. Se sienten incomprendidos, con aprehensiones hacia la nueva cultura y casi no tienen amigos. Dentro de esta misma categoría están quienes salen de zonas rurales y van a vivir a la ciudad. O simplemente se trasladan de una ciudad a otra por cuestiones familiares, sociales o laborales. En todos los casos, cuando se produce un cambio tan dramático de ambiente, la soledad es una consecuencia casi obligada. A diferencia de quienes no forman parte de la familia de la fe, los seguidores de Cristo tenemos abrigo en los grupos cristianos en cualquier ciudad del mundo.

Si estás establecido en una iglesia local y consolidado en un grupo social cristiano, nunca olvides lo que Dios quiere y exige de ti.

Así que tú también tienes que demostrar amor
a los extranjeros porque tú mismo una vez
fuiste extranjero en la tierra de Egipto.
—Deuteronomio 10:19

Si tú te hallas hoy en la situación de "extranjero" y estás tratando de adaptarte al nuevo mundo en que ahora deberás estar, recuerda siempre lo que la Biblia enseña:

El Señor protege a los extranjeros ... [y] *cuida de los huérfanos y las viudas...*
—Salmos 146:9

REVELANDO LA SOLEDAD DE LOS ANCIANOS

Capítulo 10

REVELANDO LA SOLEDAD DE LOS ANCIANOS

La vejez es una etapa en la vida de todo ser humano cuando la soledad golpea más duro. Hay amigos que parten, viudez, capacidades que disminuyen y muchas veces el surgir de un sentimiento de rechazo y pérdida de oportunidades de felicidad que producen desesperanza y ansiedad.

En muchos casos esta soledad profunda y dolorosa comienza con el disparador llamado "síndrome del nido vacío", cuando el último hijo se va de la casa, y avanza con el paso de los años hasta convertirse en un verdugo que amenaza literalmente la vida misma.

El recientemente fallecido Dr. John Cacioppo, profesor en la Universidad de Chicago, realizó una profunda investigación junto a su equipo del Centro de Neurociencia Social y Cognitiva deduciendo que el sentimiento de soledad extrema puede aumentar en un 14% las probabilidades de muerte prematura de las personas mayores.

Ante la soledad real y el sentimiento de soledad arraigado en el alma, el anciano se convierte en un ser altamente vulnerable, y su autoestima disminuye llevándolo en un espiral descendente de abandono progresivo de sí mismo.

Don Gabriel García Márquez, novelista colombiano y premio Nobel de Literatura, autor del famoso libro *Cien años de soledad*, fue sin dudas uno de los grandes maestros de la literatura universal que marcó sus obras con una línea de soledad y escribió:

"El secreto de una buena vejez no es otra cosa
que un pacto honrado con la soledad".
—Gabriel García Márquez (1927-2014)

En su frase y en los diálogos de muchos de sus personajes en sus múltiples novelas, García Márquez revela casi subliminalmente la profunda necesidad del hombre y la mujer de encontrar nuevos objetivos desafiantes para su vida en las distintas etapas. Especialmente en la última.

La vejez no estaba en los planes originales de Dios para la raza humana, pero sí, definitivamente tiene planes para tu vejez que te mantendrán activo y acompañado hasta el día en que seas llamado a su presencia, donde ya no habrá más tristeza ni llanto ni dolor (ver Apocalipsis 21:4).

Antes de que revisemos los consejos bíblicos acerca de tus próximos pasos para mantenerte activo, radiante, feliz y joven, quiero enfocarme en dos puntos básicos de la doctrina cristiana.

LA SALVACIÓN Y EL CIELO

Ante todo quiero decirte que la Salvación es una realidad que debe marcar tu existencia a fuego. Es la garantía firme de <u>tu hoy</u> y <u>tu mañana</u>.

Si tomaste la decisión de aceptar a Cristo como tu Salvador personal, y le abriste la puerta de tu vida para que su Espíritu viva en ti y te trasforme en una criatura nueva, libre de la condenación del pecado, quiero decirte que tienes vida eterna y el amor que Dios tiene por ti es invariable, sólido, porque no depende de ti, sino de Él.

El Señor Jesús dijo claramente:

Les doy vida eterna, y nunca perecerán.
Nadie puede quitármelas, porque mi Padre me las
ha dado, y él es más poderoso que todos.
Nadie puede quitarlas de la mano del Padre.
—Juan 10:28-29

Y el apóstol Pablo afirma:

No hagan que se entristezca el Espíritu Santo de
Dios, con el que ustedes han sido sellados para
distinguirlos como propiedad de Dios el día en que
él les dé la liberación definitiva.
—Efesios 4:30, DHH

El apóstol Pablo, escribiéndoles a la iglesia que estaba en Roma, vuelve sobre este tema con unas palabras inspiradas y definitivas:

Y estoy convencido de que nada podrá jamás
separarnos del amor de Dios. Ni la muerte ni la
vida, ni ángeles ni demonios, ni nuestros temores
de hoy ni nuestras preocupaciones de mañana.
Ni siquiera los poderes del infierno pueden
separarnos del amor de Dios. Ningún poder en las
alturas ni en las profundidades, de hecho,
nada en toda la creación podrá jamás separarnos
del amor de Dios, que está revelado
en Cristo Jesús nuestro Señor.
—Romanos 8:38-39

Por lo tanto, quiero decirte hoy que el cielo prometido es una certeza absoluta para sus hijos; y esta profunda, eterna y total seguridad debe condicionar tus días sobre la tierra, dándote la fortaleza y la alegría que es fuente de toda motivación a servir.

La segunda cosa básica es el Cielo.

Dios en su Palabra, a través de la pluma del apóstol Pablo, presenta una ilustración extremadamente visual de las diferencias entre esta vida y la vida eterna, y habla de nuestro cuerpo como una frágil carpa de lona que se va desgastando con el paso de los años, las tormentas y el sol. Habla del cielo como de un lugar que jamás se desgasta y espera por nosotros cuando ya nuestra débil carpa de lona no resista más.

Pues sabemos que, cuando se desarme esta carpa
terrenal en la cual vivimos (es decir, cuando
muramos y dejemos este cuerpo terrenal),
tendremos una casa en el cielo, un cuerpo eterno
hecho para nosotros por Dios mismo
y no por manos humanas.
—2 Corintios 5:1

Note que el apóstol comienza con la palabra: "*sabemos*". Yo sé. Sí, mi querido hermano o hermana: "*Yo sé que mi Redentor vive*", como dijo Job (Job 19:25, RVR 1960).

Si tú no lo sabes aún a ciencia cierta, debes cerrar tus ojos, y pedirle a Dios la fe suficiente para que esa palabra "sabemos" haga la diferencia, y sepas sin sombra de duda que hay un cielo que espera por ti, por mí, y por cada uno de nosotros. Un cielo que habla de cercanía, no de separación; que habla de consuelo, no de dolor; que habla de libertad y jamás de esclavitud.

Sabiendo con total certeza que estamos tomados de la mano de Dios en los verdes campos de la juventud y en los profundos y oscuros valles de los tiempos difíciles, y sabiendo que es Él quien sostiene nuestros brazos, ahora déjame rescatar un par de pasajes bíblicos que hablan claramente de los días y la tarea que tienes por delante:

Dios te dice hoy:

Yo mismo los seguiré llevando, hasta que estén viejos y canosos. Yo los hice, yo los llevaré.

Yo los apoyaré y los protegeré.
—Isaías 46:4, RVC

Incluso en la vejez aún producirán fruto; seguirán
verdes y llenos de vitalidad. Declararán:
«¡El Señor es justo! ¡Es mi roca!
—Salmos 92:14-15

Así que, querido hermano y hermana, si estás "entrado en años", así como quien escribe, quiero explicarte la tarea más importante que existe sobre la faz de la tierra, y que solo tú puedes realizar. Déjame explicarla con las mismas palabras del salmista que dice:

Oh Dios, tú me has enseñado desde mi tierna
infancia, y yo siempre les cuento a los demás
acerca de tus hechos maravillosos. Ahora que
estoy viejo y canoso, no me abandones, oh Dios.
Permíteme proclamar tu poder a esta nueva

*generación, tus milagros poderosos a todos
los que vienen después de mí.*
—Salmos 71:17-18

Solo para cerrar este tema, quiero recordarte las palabras de Pablo a Timoteo, que son tan válidas hoy como lo fueron ayer, y como lo serán siempre, porque son Palabra de Dios:

*En presencia de Dios y de Cristo Jesús—quien
un día juzgará a los vivos y a los muertos
cuando venga para establecer su reino—te pido
encarecidamente: predica la palabra de Dios.
Mantente preparado, sea o no el tiempo oportuno.
Corrige, reprende y anima a tu gente con
paciencia y buena enseñanza.*
—2 Timoteo 4:1-2

Por lo tanto, si hay soledad en tus días de ancianidad, levanta tu mirada al cielo y recuerda que mientras tu corazón palpite, hay una tarea que hacer: predicar con un consejo sabio; predicar con ejemplo de amor, con ejemplo de perdón; predicar con una llamada telefónica; con un mensaje de aliento por correo electrónico; con un saludo en las redes sociales; con una carta escrita a mano; con un vaso de agua al sediento.

Predica a tus hijos, nietos, vecinos, amigos y enemigos. Predica a tiempo y fuera de tiempo.

Y la paz de Dios, que sobrepasa todo entendimiento, guardará vuestros corazones y vuestros pensamientos en Cristo Jesús.
—Filipenses 4:7, RVR 1960

REVELANDO LA SOLEDAD ESPIRITUAL

Capítulo 11

REVELANDO LA SOLEDAD ESPIRITUAL

En todos los capítulos anteriores, en cada situación de la vida, en cada edad y circunstancia, hay un denominador común que provoca esa soledad que duele, esa soledad que no se aleja aunque alguien se acerque, o aunque planeemos estrategias súper sofisticadas de sociabilización.

Ese denominador común lo llamo: **soledad espiritual**.

En primer lugar, si tu conciencia aún no está limpia, deja que Jesucristo entre a tu corazón. La Biblia manifiesta:

Si vivimos en la luz, así como Dios está en la luz,
entonces tenemos comunión unos con otros,
y la sangre de Jesús, su Hijo,
nos limpia de todo pecado.
—1 Juan 1:7

Lo asombroso es que en el momento que abres tu corazón a Jesús, tu alma es limpiada de culpa y tu conciencia, purificada. Cuando Cristo murió en la cruz, Dios tomó los pecados de todos nosotros, la inmoralidad, la infidelidad, el enojo, la ira, todo lo feo, la mentira, el engaño, todo, absolutamente todo lo que te carga y amarga, y lo puso sobre su Hijo Jesucristo.

Jesús murió como nuestro sustituto, y en aquella cruz fue la persona más sola en todo el mundo pues, a pesar de ser Dios, el pecado lo había separado del Padre.

A eso de las tres de la tarde, Jesús clamó en voz fuerte: «Eli, Eli, ¿lema sabactani?», que significa «Dios mío, Dios mío, ¿por qué me has abandonado?»
—Mateo 27:46

La soledad espiritual se acaba en la cruz si pones tu fe en Jesucristo. Quizás digas: "¿Pero cómo puede ser? Soy soltero. ¿Acaso mi soledad se irá simplemente porque conozca a Cristo y acepte su sacrificio en la cruz?" Sí, porque al recibir el perdón de Dios, tus pecados son perdonados y tu culpa desaparece; te conviertes en una nueva persona y tu soledad espiritual quedará atrás. Sucede porque hay poder en Jesucristo.

Además, si primero uno tiene paz con Dios y una conciencia limpia, luego eso genera un sentimiento de paz hacia los semejantes, hacia todos los que te rodean. El cristiano verdadero puede amar sin barreras, pued

vivir en un lugar de tormenta, en un mundo convulsionado, y aun así tener en su alma una paz que sobrepasa todo entendimiento, como dice la Biblia refiriéndose precisamente a la paz que Cristo da cuando uno lo recibe en su corazón.

Así experimentarán la paz de Dios, que supera
todo lo que podemos entender.
La paz de Dios cuidará su corazón y su mente
mientras vivan en Cristo Jesús.
—Filipenses 4:7

Si sientes soledad espiritual, Jesucristo te dice: "Yo te amo. Déjame entrar en tu vida, en tu corazón. Déjame quitar la culpa. Yo resucité de los muertos y te daré vida eterna. Nunca perecerás. He venido para que tengas vida y para que la tengas en abundancia".

Es muy cierto. Dios nos ama tal como somos, no importa cuánto nos hayamos alejado de Él, ni cuánto hayamos pecado contra Él. Nos ama eternamente al margen de lo que hayamos hecho, y nunca nos abandonará. Si te arrepientes y recibes a Cristo, él tomará

tu vida y te cambiará. Podrás crecer, desarrollarte y madurar. Te hará una persona completa y la imagen de Cristo se irá formando en tu carácter porque Jesús está controlando tu vida desde el corazón.

Será el comienzo de una nueva vida, una vida plena y fructífera donde todos los problemas y dificultades pueden ser llevados con confianza a los pies de la cruz. Soledad, angustia, necesidad de amigos, falta de sabiduría, ansiedad por ser soltero, frustraciones, todo lo podrás encomendar en la manos del Señor.

LA COMPAÑÍA PERFECTA ESTÁ ESPERANDO POR TI.

El comienzo de esa vida distinta se inicia con un encuentro personal entre tú y Dios. Sé sincero con Él y dile:

Dios, me doy cuenta de que sin ti vivo en la infelicidad y la insatisfacción. Mi pecado y mi maldad me separan de ti, por eso quiero acercarme. Gracias porque el Señor Jesús murió en la cruz y allí cargó can mis pecados. Creo que

Él puede darme salvación y vida eterna. Creo que contigo puedo comenzar una vida nueva, obedeciéndote, sirviéndote y confiando en tus planes para mí. Quiero seguirte y vivir para agradarte.

Amén.

Si hiciste esta oración, quiero invitarte a que visites esta página y le digas a mis compañeros que sí, aceptaste a Cristo, y ellos te enviarán información para tus próximos pasos en la vida cristiana: www.sihayesperanza.org

ACERCA DE LOS AUTORES

ACERCA DE LOS AUTORES

Durante su vida ministerial, Luis Palau (Q.E.P.D.) compartió el evangelio con más de mil millones de personas a través de eventos y medios, y habló con 30 millones de personas en 75 países, recibiendo más de un millón de decisiones registradas para Jesucristo. Los festivales de Luis Palau han producido algunas de las audiencias más grandes jamás registradas en ciudades desde el sur de Florida hasta Sudamérica. Escribió cerca de 50 libros y asesoró a líderes empresariales, políticos y jefes de estado de todo el mundo.

El Dr. Carlos Barbieri ha sido miembro de la Asociación Luis Palau por los últimos 40 años. En la actualidad es el Director del Instituto Bíblico Luis Palau, y tiene a su cargo el área de Marketing y Producción de los eventos evangelísticos en todos los países de habla hispana.

Es Pastor en CIU - Christ In Us, en la ciudad de Miami, donde reside con su esposa Judith, sus hijos y nietos.